L'Oracle infaillible

LA DEGUÉSAH

L'Oracle infaillible

ÉDITIONS NILSSON

73, BOULEVARD SAINT-MICHEL

PARIS

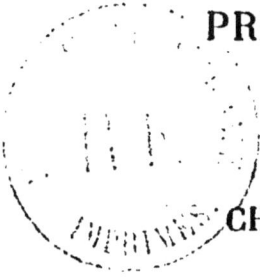

PREMIÈRE PARTIE

CHAPITRE PREMIER

DE QUOI DEMAIN SERA-T-IL FAIT ?

Quoi qu'en puissent dire les sceptiques, nous sommes environnés de mystères.

Des influences nous enveloppent, sans qu'il nous soit possible d'en bien définir la nature.

Et cependant ces forces inaperçues imprègnent à nos actes des courants très divers, selon la qualité des sensations qu'elles déterminent.

Qui ne s'est senti gai ou triste, content ou ennuyé, porté à l'indulgence ou décidé à la sévérité sans pouvoir se rendre compte des causes qui le poussaient vers ces différents états ?

Il est incontestable que l'ambiance agit sur notre moral d'une façon certaine.

Or c'est l'état moral qui détermine les résolutions.

Est-il donc extraordinaire de penser à tirer des choses qui nous entourent des conclusions intéressant l'avenir, puisque nous ne pouvons nier que les choses environnantes ont un pouvoir, mal défini, mais certain ?

La question de l'avenir a, de tout temps, préoccupé aussi bien les humbles que les grands de la terre.

Depuis les temps les plus reculés les sybilles, les pythonisses et les augures furent consultés et révérés.

Nous voyons les rois et les monarques de l'antiquité se rendre au temple de Delphes avant d'engager les hostilités, afin d'apprendre de la bouche même des devins quel serait le sort de leurs armes.

On conte qu'Alexandre le Grand, s'étant rendu à Delphes pour y consulter la prêtresse qui rendait les oracles, eut la surprise de la trouver hésitante.

Arrivée au seuil de l'antre où le destin rendait ses sentences, elle recula d'un pas, effrayée peut-être à l'idée des conséquences que pourraient avoir ses prédictions.

Alexandre était un conquérant plutôt qu'un diplomate, aussi ne craignit-il pas de porter la main sur la sybille afin de l'entraîner.

— Ah ! mon fils, dit celle-ci en lui obéissant, rien ne peut te résister.

— C'est parfait, dit Alexandre en lui rendant la liberté, je n'ai pas besoin d'en entendre davantage ; cet oracle me suffit.

Et il s'en fut.

Nous ne voulons point passer en revue tous les oracles célèbres ; nous ne nous arrêterons pas non plus à discuter l'étrangeté de certains procédés, semblant n'avoir aucun rapport avec l'objet de la préoccupation du consultant et que les esprits forts qualifient de superstitions.

Bornons-nous à dire que ce qu'ils décorent de ce nom se rattache presque toujours à un fait naturel dont le retour a provoqué une observation.

Nous n'en donnerons qu'un seul exemple :

On appelle superstition la croyance que le sel renversé est signe de discorde.

Ceci remonte au temps où les Romains lançaient du sel sur les champs de leurs ennemis avec l'intention de les rendre stériles.

L'idée de désunion s'est donc, à travers les âges, liée indissolublement à celle du sel renversé.

Il faut ajouter encore que beaucoup de choses nous ont été expliquées par la science, qui en a déterminé la nature sans pour cela changer les résultats.

C'est ainsi que, dans l'antiquité, pour apaiser la divinité mauvaise qui avait nom : La Peste, on lui élevait un autel.

Nous savons aujourd'hui que cette puissance malfaisante se cache sous les apparences d'un microbe : la définition change, mais le fait reste.

Voilà pourquoi tandis que les sceptiques nient sans vouloir rien approfondir, tandis que les enthousiastes s'enflamment et s'exagèrent les vertus des choses, les sages acceptent la croyance découlant de motifs obscurs et ne cherchent que le résultat, en se gardant bien d'entrer en rébellion contre la foi dans les moyens dont l'oracle se sert pour leur prédire de quoi sera fait le lendemain.

CHAPITRE II

DES DIVERS MOYENS D'INTERROGER L'ORACLE

C'est presque toujours aux objets familiers ou aux choses très proches que l'on s'est, de tout temps, adressé pour interroger l'avenir.

L'expérience ayant démontré que, sous des influences inconnues, l'aspect de ces objets coïncidait avec la production d'un certain événement, on en a conclu que la même combinaison annonçait le même fait, ou, tout au moins un, fait relevant du même ordre d'idées.

De là à rechercher les indices sur lesquels on pouvait se fier pour en tirer des conclusions analogues, il n'y avait qu'un pas.

Les oracles sont donc nés de l'observation minutieuse de ceux qui, les premiers, ont constaté l'influence des choses qui pourtant semblaient très indépendantes.

Quoi qu'en puissent dire certains sceptiques, personne n'est à l'abri de ces croyances et ceux-là mêmes qui les condamnent s'y soumettent sans s'en douter.

Sait-on que le fait d'attacher le 1ᵉʳ mai une branche de muguet à sa boutonnière renouvelle un usage antique ?

Les anciens Romains, au retour du Printemps, célébraient ainsi l'entrée de la nouvelle saison et se fleurissaient d'une corolle naissante, en signe de joie et d'espoir.

Voilà l'origine du muguet porte-veine.

Si l'on voulait remonter ainsi au début de chaque croyance on y retrouverait un motif dont la tradition ne nous retrace que les conséquences.

C'est pourquoi; à travers les âges, les oracles ont conservé toute leur puissance et tout leur crédit.

Les façons de les interroger sont nombreuses : depuis l'effeuillement de la marguerite jusqu'à l'oracle rendu par les astres, on a tour à tour cherché à obtenir des indications par le moyen des coquillages, des œufs, des entrailles d'animaux, etc., etc.

Beaucoup de ces oracles ne sont pas parvenus jusqu'à nous ; quelques-uns sont tombés en désuétude, par suite de la difficulté à les produire; mais un grand nombre de ces moyens peuvent être reconstitués par un chercheur et nous pensons en avoir réuni ici une liste des plus complètes.

Avant de les citer et de les étudier minutieusement, nous allons, pour faciliter les interprétations, expliquer la signification des signes que l'on rencontre en consultant certains d'entre eux, tels que le marc de café, les blancs d'œufs, etc., etc.

DEUXIÈME PARTIE

ALPHABET DU PARFAIT CONSULTANT

On sait que de la manipulation du marc de café, des blancs d'œufs, du plomb fondu, etc., etc..., proviennent des dessins et des figures, qui, pour ceux qui savent lire les oracles, sont aussi facilement déchiffrables que les caractères d'un livre.

Nous donnerons donc ici la nomenclature de ces dessins et l'explication de l'oracle qu'ils renferment:

La ligne droite. — Vous mènerez une existence dénuée de bouleversements et de grandes peines.

Plusieurs lignes droites. — Votre vieillesse sera exempte d'infirmité.

Lignes droites très longues. — Longue vie et chance persistante.

La ligne courbe. — Vous employez trop souvent des moyens tortueux.

Plusieurs lignes courbes. — Ne vous agitez pas inutilement.

Lignes ondulées. — Voyage. Plus les lignes sont longues, plus le voyage se prolongera.

Une ligne brisée. — Chagrin de cœur.

Plusieurs lignes brisées. — Efforcez-vous d'avoir de l'énergie car vous allez subir des contrariétés.

Lignes droites traversées par des lignes obliques. — Redoutez les accidents de la route.

Lignes obliques. — Vous éprouverez un ennui d'argent.

Une seule ligne oblique. — Petite maladie.

Ligne oblique traversant une courbe. — Sachez tirer profit de la première occasion qui se présentera sous forme d'une offre de travail.

Plusieurs lignes obliques traversant plusieurs lignes courbes. — Vous aurez des situations dont vous ne saurez pas tirer parti.

Lignes obliques traversant des lignes brisées. — Vous souffrirez par le cœur et vous ferez également souffrir.

Obliques coupant les ondulées. — Le voyage que vous projetez sera contrarié ; il vaudrait mieux ne pas l'entreprendre.

Carré régulier. — Héritage prochain.

Petits carrés irréguliers. — Vous avez autour de vous des personnes qui empêchent votre réussite.

Petits carrés se touchant. — Regardez bien autour de vous, il y a un traître.

Carrés se touchant par les angles. — Prenez garde au vol qui pourrait se produire dans une affaire que vous dirigez.

Un grand ovale. — Vous ferez un mariage selon votre goût.

Plusieurs ovales. — Succès dans vos affaires.

Une croix. — Vous apprendrez une mort.

Deux croix. — Vieillesse heureuse.

Trois croix. — Vous parviendrez à une belle situation.

Croix nombreuses. — Votre existence sera agitée par les passions.

Un triangle. — Vous trouverez une situation bien rémunérée.

Un triangle tronqué. — Votre situation n'est pas assurée.

Deux triangles se touchant. — Votre position est stable.

Un cercle. — Petit cadeau.

Plusieurs cercles se touchant. — Vous recevrez de l'argent sous peu.

Un cercle contenant des points. — Vous aurez bientôt un enfant.

Cercles disséminés. — Arrêtez vos prodigalités.

Un cercle contenant 3 points. — Vous aurez un garçon.

Maison à côté d'un cercle. — Vous serez bientôt propriétaire.

Maison près d'un arbre. — Votre propriété sera à la campagne.

Maison près d'une croix. — Votre propriété sera située en ville.

Maison près d'un triangle. — Elle vous viendra par héritage.

Maison près d'une couronne de croix. — Vous y finirez vos jours.

Couronne de triangles. — Succès du cœur.

Couronne de croix. — Présage de mort.

Un âne. — Soucis d'intérieur.

Un chameau. — Gêne dans votre ménage.

Un éléphant. — Réussite dans vos affaires.

Un tigre. — Votre énergie vous sauvera.

Un lion. — Vous aurez l'avantage sur vos ennemis.

Un chien. — Ami fidèle.

Un porc. — Réprimez vos débordements.

Profil humain. — Grande protection.

Oiseaux. — Bonheur tranquille.

Poissons. — Vous recevrez prochainement une invitation à un banquet.

Serpent. — Défiez-vous de ceux qui se disent vos amis.

Insectes. — Tracas inattendus.

Une fleur. — Quelqu'un vous aime.

Plusieurs fleurs. — Vous serez heureux en ménage.

Un palmier. — Vous ferez un voyage aux colonies.

Un chêne. — Soyez fort et vous triompherez de vos ennemis.

Un saule. — Vous pleurerez beaucoup.

Trèfle. — Vous allez recevoir une somme d'argent.

Un M. — On en veut à vos jours.

Un H. — Ne buvez rien chez vos ennemis.

Taches épaisses et rondes. — Vous allez avoir un procès.

Taches larges et mal formées. — Vos affaires seraient très difficiles à mener à bonne fin.

Fenêtre. — Vous serez victime d'un vol.

Fenêtre près d'une croix. — L'incendie vous menace.

Figure humaine de face. — Quelqu'un vous aime.

Deux figures de face. — Vous partagerez cet amour.

Deux figures dans un cercle. — Vous vous marierez sous peu.

Deux figures séparées par une ligne. — Vous plaiderez en divorce.

Deux figures séparées par une rose. — Vous vous marierez et vivrez tous deux longtemps en parfaite santé.

Nota. — Il est bon d'examiner de haut toutes ces figures, car vues de trop près elles se détachent moins bien.

Cette lecture est, du reste, un art, qui demande un peu d'étude, sous forme d'exercices répétés.

Il faut encore, ainsi que nous allons l'expliquer plus loin, acquérir par la répétition, le coup de main qui permet de verser la quantité voulue et qui assure le délayage parfait.

Mais cela n'est que l'affaire de 8 ou 10 essais, après lesquels on sera toujours assuré de la pleine réussite dans l'art de former et de lire les signes de l'oracle.

TROISIÈME PARTIE

LES ORACLES

CHAPITRE PREMIER

ORACLES INANIMÉS

Le marc de café.

Depuis le siècle où cette précieuse denrée fut appréciée des gourmets, il est d'usage de consulter l'avenir en tirant des déductions des signes qui se forment dans le résidu des grains broyés et passés à l'eau bouillante. C'est ce qu'on appelle le marc.

Pour obtenir un oracle clair, il est bon de le préparer quelques jours à l'avance : deux au moins, trois au plus.

Cette précaution a pour but de laisser suffisamment sécher les parcelles du café pour qu'elles puissent ensuite se séparer facilement pour former les figures dont on tirera la prédiction.

Le marc, préparé comme nous allons l'expliquer plus loin, formera une multitude de dessins qui, ainsi que nous venons de le voir au chapitre précédent, rappelleront des figures géométriques ou des silhouettes d'objets, d'animaux ou de personnages.

Voici en quoi consiste cette manipulation.

Lorsque le marc déposé en tas est sec, on le met dans un vase allant au feu en y ajoutant un grand verre d'eau et on fait chauffer à feu doux en ayant soin de surveiller pour ne pas atteindre l'ébullition. Autrement dit, il faut retirer la casserole avant que le marc ait bouilli et au moment où il est prêt à le faire.

On prend alors une assiette *creuse* et *complètement blanche*.

Il faut bien se garder de choisir une assiette dont les dessins pourraient empêcher de lire distinctement les signes que le marc formera.

On saisit alors la casserole et on y verse une petite quantité du marc avec la portion d'eau qui est amené avec.

Ensuite on prend l'assiette à deux mains et on l'agite en cercle, en prenant les précautions nécessaires pour que rien ne s'échappe.

Peu à peu, le marc se sépare de l'eau et vient se coller au fond de l'assiette.

C'est alors qu'il faut agir avec précaution : on penche doucement l'assiette et on fait couler l'eau.

Il ne reste plus alors que des parcelles de marc, qui s'étant complètement collées aux parois forment sur l'assiette des dessins affectant les formes que nous avons décrites dans le précédent chapitre.

C'est le moment de se bien pénétrer du sens de chaque figure afin de pouvoir mûrement interpréter l'oracle qui s'en dégage.

Le blanc d'œuf.

L'oracle des blancs d'œufs est très en faveur dans certains pays.

La première condition est de rejeter l'usage des œufs conservés pour ne se servir que de ceux dont la fraîcheur ne peut être douteuse.

On remplit deux verres avec de l'eau jusqu'à la moitié et dans chacun on laisse tomber d'assez haut un blanc d'œuf qu'on a soigneusement séparé de son jaune.

L'oracle peut être consulté avec un seul verre et un seul

blanc d'œuf, mais il est plus infaillible lorsqu'il est possible de contrôler et d'appuyer par le second les prophéties qu'on a lues dans le premier.

Les verres ainsi remplis sont placés dans une grande armoire très aérée ou dans un cabinet, sur une étagère ou dans quelque autre endroit où ils se trouveront à l'abri de la poussière, car on ne doit pas les couvrir et il se passera vingt-quatre heures avant qu'on puisse y toucher.

Au bout de vingt-quatre heures, on les transporte avec précaution, sans les faire osciller et l'on interroge l'oracle en expliquant les dessins que le blanc d'œuf a formés dans l'eau.

Nota. — S'il est possible de mettre les verres hors des atteintes de la poussière, dans un endroit d'où on pourra sans les remuer interpréter les signes, l'oracle n'en aura que plus de véracité.

Le plomb fondu.

On se procure de petits morceaux de plomb que l'on fait fondre dans une cuiller en fer battu ou dans une casserole hors d'usage en même métal.

On prépare une terrine pleine d'eau.

Ce récipient doit être de couleur claire, soit blanche, soit d'une nuance sur laquelle celle du plomb tranchera entièrement.

On attendra que le plomb entre en fusion et brusquement on le laissera couler dans la terrine.

En se refroidissant il formera des plaques plus ou moins épaisses dans lesquelles les solutions de continuité produiront des dessins.

Certaines de ces plaques se nuanceront de reflets clairs ou foncés, dont l'opposition formera des figures qu'il faudra interpréter comme celles qui se voient dans le marc de café.

Les jaunes d'œufs.

Cette opération peut se mener de pair avec celle des blancs d'œufs.

Alors que les blancs sont employés, comme nous l'avons dit

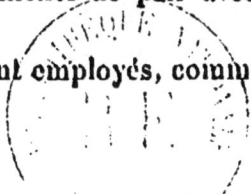

2

plus haut, on réservera le jaune que l'on puisera ensuite à l'aide d'une petite cuiller et dont on fera tomber des gouttes sur une feuille de papier blanc.

En les laissant tomber de très haut elles formeront de grandes taches d'abord, puis des éclaboussures.

On épuisera ainsi le jaune contenu dans l'œuf en ayant soin de le laisser tomber naturellement et d'éviter de l'aider dans sa chute.

On laissera sécher en ayant bien soin de ne pas toucher la feuille de papier et l'on interprétera les signes, comme il est dit dans l'*Alphabet du parfait consultant*.

Les coquillages.

Cette méthode est surtout pratiquée en Orient.

En Tunisie, toutes les femmes, sous la tente, interrogent le Destin de cette façon.

On prend un tamis ordinaire et on y laisse tomber 7 petits coquillages dont la forme rappelle celle des bénitiers et 2 fèves, l'une blanche, l'autre brune.

On agite le tamis sept fois de gauche à droite, par un mouvement glissant, mais très vif. Puis on examine la position des coquillages par rapport aux fèves.

S'ils se sont en grande partie retournés en présentant le côté creux, cela est un bon signe, surtout si les coquilles retournées se trouvent près de la fève blanche. Exemple :

Quatre coquilles retournées dans le voisinage de la fève blanche, bonheur.

Cinq indiquent une grande réussite.

Les 7 coquillages retournés annoncent une longue vie et une vieillesse heureuse.

Dans le voisinage de la fève blanche, c'est un signe de prospérité et de mariage fécond.

Près de la fève noire, ils parlent encore de bonheur, mais ce bonheur sera traversé d'épreuves.

En cercle dans le voisinage de la fève blanche les 4 coquilles retournées annoncent un héritage prochain.

En cercle autour de la fève noire, ils parlent encore d'héritage, mais on aura à déplorer la perte d'un parent très cher.

Si 4 coquillages sur 7 présentent le côté arrondi, c'est signe d'embarras dans les affaires qui préoccupent.

Si 5, 6 ou 7 coquilles sont tournées du côté rond, il faut redouter un accident.

Si la fève noire est proche et la fève blanche éloignée, cet accident aura lieu au cours d'un voyage.

Les bons coquillages se présentant en ligne annoncent de beaux enfants.

Les coquilles en ligne et du côté bombé font craindre la maladie dans la maison.

Si les coquillages se présentent en croix et tournés du côté creux, près de la fève blanche, c'est signe d'un grand honneur pour le maître de la maison.

En croix du côté bombé près de la fève blanche, embarras et maladie dont on sortira.

En croix du côté creux près de la fève noire, bonheur troublé par la discorde.

En croix du côté bombé près de la fève noire, deuil très prochain.

Comme on le voit, l'oracle des coquillages peut être aussi complet que les autres.

Le fil.

Cet oracle est surtout consulté par les jeunes gens désirant connaître leur destin au sujet du mariage.

Les fiancés lui demandent une réponse favorable au sujet de leur union prochaine et ceux dont le cœur n'a pas encore parlé l'interrogent pour savoir s'il battra bientôt.

Voici comment on procède :

On prend un morceau de fil d'un mètre environ que l'on coupe en 8 parties d'égale longueur chacune, puis on enferme ces brins dans un livre sur lequel on pose un fer à repasser afin d'obtenir la pression nécessaire pour que les fils ne s'échappent pas.

On a eu soin de les enfermer que jusqu'à moitié de leur longueur seulement, afin de pouvoir attacher les brins deux par deux.

Ceci fait, on retourne les fils en enfermant les brins noués et laissant dépasser les brins encore libres que l'on attache de même deux par deux.

Pendant ce temps on a formulé la question qui tient au cœur.

Si la réponse est favorable, les fils seront tous unis ensemble et ne formeront qu'un long cordon comprenant huit nœuds.

Dans le cas où les nœuds seraient embrouillés, la réponse est négative.

Les épingles.

La réponse des épingles est moins brève et moins catégorique.

Il s'agit de prendre une pincée d'épingles ordinaires et de les laisser retomber en pluie sur une table, sur une feuille de papier, ou sur tout autre objet de surface plane.

Elles y figureront des dessins qu'on interprétera en se servant des indications contenues au chapitre où nous donnons l'*Alphabet du parfait consultant*.

Le papier.

On inscrit sur treize morceaux de papier treize demandes et on les met dans une terrine.

On verse de l'eau dessus très doucement; le premier papier qui revient à la surface donne la réponse.

Si celle-là n'était pas assez explicite, on attendrait la venue du second et du troisième qui la compléteraient.

Le gâteau des Rois.

Il est encore d'usage, dans mainte famille, de réserver deux parts lorsqu'on partage le gâteau des Rois.

La première qu'on nomme : « la part à Dieu », est mise de

côté afin d'être offerte au premier pauvre qui se présentera à la porte.

La seconde est dénommée : la part du voyageur. A notre époque, avec le télégraphe, le téléphone et les moyens de communication rapides, cela n'a plus guère raison d'être, car il est peu de pays où un voyageur soit empêché de donner de ses nouvelles.

Il n'en allait pas de même jadis.

Les lettres coûtaient cher et parvenaient mal lorsqu'elles étaient expédiées de contrées lointaines.

C'était le temps où la fièvre de l'or entraînait les aventureux vers la merveilleuse Californie, d'où il était difficile de communiquer.

Aussi était-il peu de familles dans lesquelles il ne se trouvât un voyageur dont on ignorait le sort.

On mettait donc sa part de côté, dans un tiroir bien au sec, et tant qu'elle se conservait intacte on pensait qu'il se portait bien.

Mais dès que la moisissure commençait son œuvre, on s'attristait en concevant les craintes les plus sérieuses à propos de la santé du voyageur.

Cette part du voyageur a conservé dans beaucoup de contrées son privilège d'oracle.

On ne l'interroge plus au sujet de l'absent qui donne plus facilement de ses nouvelles, mais il est de nombreuses fiancées dont le futur mari est parti au régiment, qui conservent la part du voyageur dans un coin de leur chiffonnier et voient un lien certain entre sa conservation et la fidélité de ce dernier.

On peut aussi consulter la galette des Rois au sujet d'une affaire, d'un héritage, etc...

Si elle se conserve pendant 3 mois sans moisir, l'affaire réussira.

Dès que la moisissure l'entame, l'affaire est compromise.

Quand elle l'a envahie complètement on peut considérer l'affaire comme perdue.

Les gemmes.

C'est encore d'Orient que nous vient cette coutume.

On éparpille sur un plateau des pierres brillantes de différentes couleurs :

Le bleu représente le bonheur.

Le vert, l'espérance réalisée.

Le rouge, l'amour ardent.

Le violet, le deuil.

Le jaune, l'infidélité.

Le grenat, un second mariage.

Le blanc est signe d'heureuses fiançailles.

On range ces 7 pierres en un cercle; puis on prend une bougie large et très courte et on la pose tout allumée au milieu du cercle.

La pierre qui la première reflète un rayon donne la réponse.

Violet, deuil.

Grenat, mariage.

Rouge, passion.

Jaune, infidélité.

Vert, espoir.

Bleu, félicité.

Perle, larmes.

Blanc, bonheur sans grandes joies, mais certain.

Parfois deux pierres s'allument ensemble de reflets; il faudra donc alors interpréter le sens des deux prophéties dont l'une complétera l'autre.

Ainsi le violet et le grenat diront : Perte d'un époux et second mariage.

Le rouge et le jaune diront : Passion ardente d'abord, bientôt ternie par l'infidélité, etc., etc...

La bague.

L'oracle de la bague est très répandu dans l'île de Malte.

On recommande cependant de laisser de préférence un tiers diriger l'opération, car il est préférable que la personne qui tient la bague soit ignorante de la question qu'il s'agit de résoudre.

Est-ce à dire que le consultant ne puisse jamais se livrer lui-même à cette interrogation ?

Non certes. Mais avant de commencer, il doit se pénétrer de

la nécessité qu'il y a pour lui à dompter ses nerfs et surtout de l'importance qu'il y a à interdire toute complaisance qui pourrait altérer la vivacité de la réponse.

Ceci dit, voici en quoi consiste l'oracle de la bague.

Prenez un verre vide que vous déposez sur un table. Asseyez-vous bien commodément devant cette table.

D'autre part, prenez un long cheveu ou un fil d'une minceur extrême et attachez-y une bague.

Appuyez votre coude sur la table de façon à vous garantir de tout mouvement nerveux et saisissez l'extrémité du cheveu entre le pouce et l'index de la main gauche, de façon à maintenir la bague au milieu du verre.

Naturellement il se produira des oscillations et, malgré votre volonté la bague heurtera les bords du verre.

Si elle le frappe à gauche en premier, il faudra en conclure que la question cœur est la chose prédominante.

A droite, cela indiquera que les préoccupations d'intérêt l'emportent.

En face du consultant ce sera le succès.

Dans la partie la plus rapprochée on devra craindre l'échec.

Pour mieux nous faire comprendre, nous prierons d'étudier la figure ci-dessous :

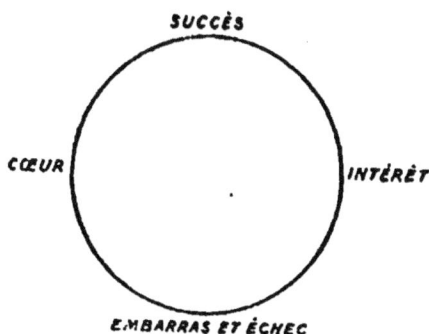

Je suppose donc que la bague heurte à plusieurs reprises le côté cœur pour s'en aller ensuite heurter le côté échec, il faudrait en conclure que votre trop grande propension à vous laisser aller aux élans de votre cœur vous causera des embarras ou vous fera manquer de réussir.

Si au contraire, après avoir touché le côté cœur, elle tintait sur le côté succès, on pourrait en conclure à un mariage avantageux.

Il est encore un autre moyen de consulter l'oracle avec la bague :

On s'est préparé d'avance un questionnaire. Exemple :

Cette affaire réussira-t-elle ?

Deux coups à droite diront oui.

Un coup à gauche dira non.

Des coups en avant et en arrière indiqueront un retard.

Dans ce cas le nombre de coups frappés indistinctement sur l'un ou l'autre des côtés indiquera combien de jours, de semaines, de mois ou d'années (suivant la nature de l'affaire) s'écouleront avant qu'elle soit menée à bonne fin.

On comprend maintenant pourquoi nous disons qu'il est préférable, pour la sincérité de l'oracle, qu'il soit consulté par une tierce personne, car l'intéressé, anxieux de la réponse, aurait peine à maintenir les mouvements nerveux dirigeant la bague du côté où il voudrait la voir aller.

CHAPITRE II

LES ORACLES CÉLESTES

Le soleil.

Tracez un cercle sur la terre ou, à défaut de terre, sur un plancher que le soleil doit visiter :

Inscrivez sur des morceaux de papier les demandes aux questions que vous voulez voir résoudre affirmativement.

Par exemple :

Serai-je riche dans deux ans ?

Serai-je marié cette année ?

Aurai-je l'emploi que je désire ? etc., etc.

Vous roulez ces petits morceaux de papier de façon à ce qu'ils aient tous un aspect semblable.

Ceci fait, vous les disposez régulièrement à l'entour du cercle et vous attendez la venue du soleil.

Le premier des papiers qu'il atteindra vous donnera la réponse sur laquelle vous devez baser vos projets.

La lune.

Cet oracle s'adresse surtout aux jeunes filles qui désirent savoir si elles doivent bientôt se marier.

Au premier jour de mai coïncidant avec l'apparition de la lune, elles vont la contempler tous les soirs pendant neuf jours, en ayant soin d'avoir toujours un petit miroir dans leur poche.

Le soir du neuvième jour elles glissent ce miroir sous leur

oreiller en priant la lune de leur faire apparaître en rêve leur futur époux.

Le lendemain elles sortiront de très bonne heure et donneront une pièce de menue monnaie au premier pauvre qu'elles rencontreront.

Si ce pauvre est un homme, elles seront mariées dans l'année.

Si c'est une femme elles devront attendre une année encore.

Les étoiles.

A une certaine période de l'année, lorsque les étoiles filantes rayent le ciel de leur pluie d'or, celui qui veut en tirer un oracle doit aller se poster dans un endroit découvert, d'où il pourra embrasser une large partie de l'horizon.

Il formulera d'abord un souhait qu'il réduira en aussi peu de mots que possible.

Puis il guettera l'apparition des étoiles filantes et dès que l'une d'elle apparaîtra, il s'efforcera de prononcer les mots qui forment son souhait pendant le temps que l'étoile se montre.

La dernière syllabe doit être prononcée avant qu'elle ait complètement disparu.

On a jusqu'à trois fois pour toutes les expériences. Si l'on ne pouvait y parvenir, c'est que l'oracle se prononce négativement.

CHAPITRE III

L'ORACLE DES ÉLÉMENTS

L'eau.

Il faut d'abord formuler une question très positive, de celles auxquelles il est possible de répondre par *oui* ou par *non*.

Je suppose que vous désiriez savoir si un événement s'accomplira et dans combien de temps, vous poseriez ainsi la question :

Est-ce que l'année prochaine (ou le mois prochain ou à telle date que vous fixez) la chose que je désire sera accomplie ?

Dans le cas d'une réponse négative, il vous faudrait décomposer la question et dire :

Tel événement s'accomplira-t-il ?

Si la réponse est non, l'expérience est terminée. Si elle est affirmative, on devra recommencer l'expérience en disant :

Sera-t-il accompli à telle époque ?

Une fois votre question bien nettement établie dans votre esprit, vous prenez un caillou et vous avez préparé un large récipient plein d'eau. Vous y jetez le caillou en prononçant votre question.

Il se forme alors des cercles concentriques que vous comptez.

S'ils sont en nombre impair, la réponse est favorable.

Dans le cas contraire elle est négative.

Par la vapeur.

C'est encore un moyen que les jeunes gens emploient fréquemment pour savoir s'ils se marieront et pour connaître le nom de leur future moitié.

On inscrit sur des petits carrés de papier le nom des fiancés ou fiancées probables ; c'est-à-dire des jeunes gens que l'on connaît, sans omettre celui de la personne que l'on désire épouser.

On a soin d'ajouter un carré de papier sur lequel rien n'est inscrit.

Ceci fait on roule entre ses doigts tous les morceaux de papier, comme on ferait pour des cigarettes, le côté blanc en dehors.

D'autre part, on fait bouillir de l'eau dans une casserole. Au moment où elle est en pleine ébullition on la retire du feu, on la pose sur une table et on la recouvre d'une fine passoire ou d'un tamis, sur lequel on jette les rouleaux de papier. Sous l'action de la vapeur, les petits tubes se déroulent lentement.

Le premier nom qui se laisse voir est celui du fiancé futur.

Si le premier tube déroulé, était celui du papier blanc, ce serait une réponse indiquant que le consultant restera célibataire.

Mais nous voulons seulement prévoir le cas où un nom se présenterait.

On recommencerait alors l'expérience pour savoir dans combien de temps auront lieu les fiançailles.

Beaucoup de personnes étendent l'opération en ajoutant aux noms connus d'autres papiers sur lesquels on écrit des noms de professeurs ou encore les mentions : riche, pauvre, jeune, vieux, etc.

On se sert aussi de ce procédé pour connaître les résultats d'un procès ou d'une affaire qui intéresse.

Le tout est de concevoir la suscription des papiers assez habilement, de façon à ce qu'ils donnent une réponse claire.

Le feu.

Il y a plusieurs façons de consulter l'oracle par le feu.

La première consiste en ceci.

Prenez une écorce d'arbre très large et très mince ou, à son défaut, une feuille de carton remplissant ces conditions, jetez-la dans un feu bien flambant et attendez qu'elle ait flambé.

Aussitôt les flammes éteintes, le carton noircira mais des traces embrasées se formeront sur la surface noire et sembleront courir dessus.

Vous noterez celles qui formeront des dessins rappelant des signes connus: carrés, cercles, etc., voire même profils humains ou figures d'animaux et vous les interpréterez dans le sens indiqué par l'*Alphabet du parfait consultant*.

La fumée.

La seconde manière la plus usitée d'interroger le feu est de consulter la fumée.

Si elle s'élève droite ce sera un indice heureux.

Si elle se tord par le bas pour s'élever droite ensuite, c'est que les affaires, embrouillées dès le début, s'éclairciront dans l'avenir.

Si, au contraire, elle s'élève droite à la base pour se tordre au sommet, c'est que l'affaire qui paraissait facile, présentera des difficultés inattendues.

Dans le cas où la fumée, au lieu de s'élever se tasserait en affectant de se rabattre vers le foyer, il ne faudrait pas songer à voir se réaliser les rêves ambitieux qu'on pourrait avoir formés.

On végétera dans une existence modeste et sans envolée.

Si après s'être rabattue vers le brasier, la fumée s'élevait tout à coup en une colonne très droite, c'est que, après de longues hésitations, la fortune se déciderait à vous sourire sur le tard.

Si la fumée se divise en deux colonnes qui se rejoignent vers le sommet, on peut en conclure que le mariage sera parfaitement heureux et la félicité durable. Si les deux colonnes restent séparées, on pourra craindre le célibat.

Si les deux colonnes après s'être jointes se divisent, il en faudra conclure à une union mal assortie et troublée par des querelles et des dissensions.

Le noir de fumée.

Il est, chez les Orientaux, une coutume qui consiste à étendre d'huile du noir de fumée et à en barbouiller les ongles des enfants, afin de lire leur destin d'après les signes qui s'y trouvent inscrits.

Un moyen infiniment plus simple pour consulter cet oracle consiste en ceci :

On délaye du noir de fumée dans de l'huile et on l'étend ensuite sur une surface unie et glissante, une toile cirée ou une plaque de verre.

On a soin de répandre le mélange assez brusquement pour qu'il s'étale le mieux possible.

On attend ensuite quelques instants, de façon à ce que les agglomérations se soient définitivement formées et l'on interprète les taches suivant les indications données dans l'*Alphabet du parfait consultant*.

En règle générale les taches menues et nombreuses sont moins favorables que si elles étaient plus rares et plus larges.

Une quantité d'ovales annonceront des héritages.

Si cependant les cercles sont plus nombreux que les ovales, on peut conclure à une fortune bien gagnée et soigneusement conservée.

Des taches très larges, dont les bords sont réguliers annonceront une vie paisible, à l'abri des tempêtes des passions et des déceptions de la fortune.

Des taches allongées dans le sens de la hauteur sont l'indice d'une nature mesquine.

De larges taches avoisinant plusieurs points présagent une famille nombreuse et beaucoup d'enfants s'élevant sans peine.

Deux taches de même grandeur situées sur le même plan sont l'indice d'une union bien assortie.

L'air.

On place sur une table une série de petits carrés de papier sur lesquels on a écrit la réponse aux questions qui préoccupent.

Par exemple : Je suppose qu'il s'agisse d'une affaire à la conclusion de laquelle on attache une grande importance.

On écrira sur un papier : *réussite*, sur un autre *retard*, sur un
troisième *échec* et sur tous les autres les motifs qui peuvent con-
courir à sa conclusion rapide ou ceux qui pourraient l'entraver.

Ceci fait et les papiers disposés du côté blanc, on prend un
éventail et on l'agite doucement au dessus des petits carrés.

L'air les agite et bientôt un ou plusieurs se retournent.

Si celui qui apparaît le premier indique *réussite*, il est inutile
de continuer.

S'il indique *échec*, il faudra persévérer de façon à connaître le
motif de cette non-réussite, afin de prendre les mesures nécessaires pour améliorer l'état des choses.

Ce mode d'oracle est très en faveur au Japon, et l'on voit les
Mousmés s'y adonner des journées entières.

Il est presque toujours question pour ces gracieuses filles de
découvrir, parmi les nombreux jeunes gens qui les courtisent,
celui qui saura prendre le chemin de leur cœur.

Et, à tour de rôle, elles s'accroupissent devant la table de laque
où les petits papiers vont remplir leur rôle d'oracle.

La terre.

On remplit de terre quatre ou cinq pots à fleurs en ayant bien
soin de mettre dans chacun d'eux la même qualité de terre.

Le même jour, à la même heure on plante une graine dans
chacun de ces pots.

Cette graine doit être de même sorte, de même grosseur et de
pareille qualité.

On prépare ensuite des petits morceaux de bois que l'on fend
à leur extrémité supérieure pour y introduire un papier plié, sur
lequel on a écrit la question qui préoccupe.

L'oracle sera rendu par la Terre, car la graine qui germera
la première, portera la réponse demandée.

Bien entendu, les étiquettes ne devront pas être pliées d'une
façon apparente et les pots doivent être arrosés identiquement
et placés dans les mêmes conditions de jour et d'air nécessaires
à la germination.

CHAPITRE IV

LES ORACLES VIVANTS

Les oiseaux.

Dès la plus lointaine antiquité, les oiseaux ont été considérés comme de vivants oracles,

Les augures rendaient leurs sentences en consultant leur vol et l'histoire fourmille à ce sujet d'exemples célèbres.

Les oracles varient suivant la direction du vol, le genre des oiseaux et le lieu où ils se trouvent.

Prenons d'abord le plus célèbre parmi les oiseaux dont on tire des oracles.

Le corbeau.

On attache généralement un oracle de mauvais augure au vol de cet oiseau.

Si cependant, il se lève de gauche à droite et se pose à droite, on peut espérer une bonne nouvelle. S'il s'envole vers la gauche il ne faudra pas compter sur la réussite de l'affaire qui vous préoccupe.

S'il s'envole vers la droite et qu'il reste silencieux, c'est un triomphe sur vos ennemis.

S'il s'envole vers la gauche en croassant, craignez la calomnie.

S'il plane au-dessus de la maison c'est un signe de maladie.

Quand le corbeau plane au-dessus de la maison de nouveaux mariés le jour de leurs noces, il faut y voir un signe de stérilité.

D'autres oiseaux sont regardés comme plus favorables.

L'hirondelle.

Si l'hirondelle bâtit son nid au-dessus de la fenêtre ouvrant sur la chambre dans laquelle on dort, il sera bon de regarder furtivement dans le nid et de compter les œufs.

S'ils se trouvent en nombre impair ce sera un présage favorable pour l'accroissement de votre fortune.

Si le nid se trouve placé au-dessus de la chambre dans laquelle se réunit la famille, il faudra y voir un gage d'union paisible et de bonne harmonie dans la famille, qui deviendra nombreuse et prospère.

Quand un oiseau qui fait son nid abandonne ce qu'il tient au bec sur le toit d'une maison, on devra se mettre en garde contre le désordre qui, s'il n'était enrayé, pourrait causer un véritable préjudice.

Le coucou.

Tout le monde connaît l'oracle du coucou et celui qui l'entend au printemps, pour la première fois, s'il est seul doit s'attendre, suivant la légende, à des infortunes conjugales.

Mais le coucou peut servir d'oracle plus immédiat.

Si on a le temps de crier entre les appels ces mots :

« Coucou, tu es un menteur. »

Si après avoir prononcé ces mots on entend le chant s'élever deux fois à de brefs intervalles, il faut tirer de ceci les meilleures espérances, car l'oracle dit :

Celui qui entend le coucou chanter deux fois après l'avoir traité de menteur, peut lire dans cette répétition un oracle très favorable.

Il est encore une autre légende concernant l'oracle du coucou :

Dès qu'on l'entend chanter, on met la main à sa poche, pour y trouver une pièce de monnaie et en la serrant entre ses doigts, on dit : « Coucou ferai-je fortune ? »

Si immédiatement le coucou chante deux fois c'est que la réponse est favorable.

Mais s'il chante plusieurs fois elle est douteuse.

S'il chante une fois seulement elle est négative.

Les sansonnets.

Tout le monde a vu, vers l'automne, des bandes de sansonnets s'abattre dans la campagne.

Ils forment un nuage plus ou moins large et s'abattent tous ensemble sur un seul point.

Dès qu'ils reprennent leur volée, c'est en masse et peu nombreux sont les retardataires, qui, du reste, rejoignent très vite le groupe.

C'est de ces derniers qu'il faut attendre l'oracle.

Au moment où vous voyez les sansonnets se poser, formulez en vous-même la question à laquelle vous désirez qu'il soit répondu.

Puis vous vous approchez avec précaution et frappez très fort dans vos mains.

La majorité des sansonnets prennent aussitôt leur essor en masse serrée.

Mais il en est qui, soit par gloutonnerie, pour savourer encore le régal des fruits qu'ils becquetaient, soit par ce qu'ils étaient plus éloignés du groupe principal tardent un peu à le rejoindre.

A partir du moment où la masse s'est envolée, vous attendez deux minutes.

Pendant ce temps, vous formulez la question et vous comptez ceux qui rejoignent le groupe.

S'ils sont en nombre impair la réponse est bonne.

Cependant il faut qu'ils soient au moins cinq.

S'ils étaient plus nombreux et toujours en nombre impair, la réussite serait très proche.

Si les retardataires s'envolent en nombre pair, dans l'espace des deux minutes, l'affaire à laquelle vous pensez ne se fera pas.

Si le nombre de ceux qui rejoignent est inférieur à cinq, c'est que vous aurez encore beaucoup à lutter pour arriver au but que vous vous proposez.

Les oiseaux de proie.

Les touristes qui font toujours l'ascension des montagnes rencontrent souvent des oiseaux de proie.

On les voit planer dans le ciel ou, de loin, ils paraissent immobiles, puis tout à coup ils semblent s'élancer vers la terre dans une descente verticale.

D'autres fois, ils décrivent des cercles dans les airs.

De tout cela les gens avertis savent tirer des oracles concernant surtout la réussite des affaires au point de vue de la défense contre leurs ennemis.

L'oiseau de proie qui plane, indique qu'ils sont visés par des gens dont l'intérêt est de prendre leur place.

Ils doivent alors formuler la question à laquelle ils désirent voir l'oracle répondre, puis compter 13 avant de la recommencer. Exemple :

« Réussirai-je dans (ici le nom de l'affaire ou du mariage projeté)?

« Un, deux, trois, quatre, cinq, six, sept, huit, neuf, dix, onze, douze, treize.

« Réussirai-je, etc., etc. »

Si l'oiseau de proie, cessant de planer, plonge dans l'espace au moment où l'on adresse la question, c'est que la réponse est défavorable.

S'il s'élance vers la terre au moment où l'on compte, la solution sera d'autant plus heureuse que la plongée coïncidera avec un chiffre plus important.

Si elle s'effectue sur le nombre 13, vous pouvez considérer l'affaire comme certaine.

Si au lieu de planer, l'oiseau décrit des cercles, vous pouvez être assuré que des gens cherchent à vous nuire.

C'est le moment de faire la question et de compter 13 ainsi que nous l'avons indiqué plus haut.

Si après avoir répété la question et dit les chiffres trois fois, l'oiseau continue à voler en cercle, il en faudra conclure que les ennemis seront impuissants.

Si, au contraire, l'oiseau cessait de tourner pour planer, dressez des plans de défense, vous allez être attaqué.

Si enfin, il fonçait sur une proie avant que vous n'ayez terminé de dire trois fois les questions et les chiffres, vous avez tout à redouter des gens qui vous veulent du mal.

Les oiseaux domestiques.

On ne vit pas toujours à proximité des oiseaux en liberté, tandis qu'il est facile de rencontrer des oiseaux de basse-cour et de s'en servir pour des expériences prophétiques.

Il s'agit de réunir, et pour un moment seulement, dans un lieu fermé 5 ou 6 poules ordinaires.

Dans le nombre, il s'en trouvera toujours de nuance plus claire ou plus foncée ; c'est là-dessus que l'on basera le premier oracle.

Après avoir réuni les poules et en avoir bien remarqué les différentes couleurs, on leur jettera du maïs *grain par grain*, à treize reprises différentes ; on observera et on notera, au besoin, sur un carnet quelle est celle qui vient de conquérir le grain.

Si après le treizième grain absorbé on constate que les plus habiles (ou les plus gourmandes) ont été les poules claires, il faudra en tirer un bon augure pour l'affaire qui vous intéresse.

On tire aussi un oracle du chant du coq.

Les bédouines en Tunisie y ajoutent une foi profonde.

Voici comment elles procèdent :

Dès le matin, au moment où les coqs ont pour habitude de claironner leur fanfare, elles formulent deux réponses contradictoires concernant la question qui les préoccupe. Par exemple :

1° « Telle chose se fera, de telle façon. »

2° « Telle chose que je désire ne se fer paas. »

Si le coq chante pendant qu'elles énoncent la première elles concluent au succès.

S'il chante pendant la deuxième, elles se préparent à une déception.

Bien entendu, c'est le premier chant qui compte seulement.

Si pendant que l'on fait les questions un coq du voisinage venait à répondre, ce serait la confirmation de la véracité de l'oracle.

Oracle par les œufs de poule.

C'est encore aux bédouines tunisiennes qu'il faut emprunter cette façon très simple de consulter l'oracle.

Elles posent une question en se rendant à l'endroit que les poules ont adopté pour y déposer leurs œufs.

Si la récolte produit un nombre impair, elles considèrent la réponse satisfaisante.

Si, au contraire, elles ne trouvent qu'un nombre pair, elles en concluent à l'échec.

Cette visite doit se faire vers la fin de la journée, car il faut attendre que le moment de la ponte soit passé.

Le grand oracle par le coq.

Ceci est considéré comme un oracle de grande importance ; il demande, du reste, une certaine préparation et on ne le consulte guère que dans les cas sérieux.

Cet oracle est un des plus anciens dont la tradition nous ait été conservée.

C'est encore un coq qui doit être employé à cet usage.

On se sert aussi quelquefois d'un corbeau.

Pourtant ce volatile étant plus capricieux que le coq pour piquer les graines, on a recours de préférence au roi de la basse-cour, dont l'appétit est toujours assez ouvert pour que des hésitations ne viennent pas le troubler dans l'acte qu'on attend de lui.

Du reste, pour plus de certitude, il est d'usage de le prendre le soir et de l'isoler jusqu'au lendemain, à l'heure où l'on va le choisir comme porte-parole de la destinée.

C'est dans les deux heures qui suivent midi qu'il est préférable de tenter l'expérience dont nous allons parler.

Une condition essentielle est la couleur de l'animal. Il doit être entièrement noir.

En Égypte on recherche, au contraire, des coqs complètement blancs.

Il est aussi possible de tenter l'expérience avec ces derniers ; mais on devra alors écarter tous ceux qui présenteraient une tache ou une moucheture quelconque.

Il en est de même pour le coq noir qui ne doit présenter aucune partie blanche.

La crête de ces volailles doit être très rigide et très rouge.

Avant de sortir l'animal de sa cage, on décrit sur le parquet un grand cercle sur les bords duquel on inscrit les demandes auxquelles on désire voir répondre.

On inscrit aussi dans un langage très bref, les objections ou les empêchements qui pourraient s'opposer à la conclusion de l'affaire que l'on voudrait voir réussir, ainsi qu'on peut le voir dans le tableau ci-dessous.

Nous supposerons qu'une jeune fille désire savoir si le mariage qu'elle désire se fera.

Elle commencera par inscrire : *Oui ; Non ; Sous conditions.*

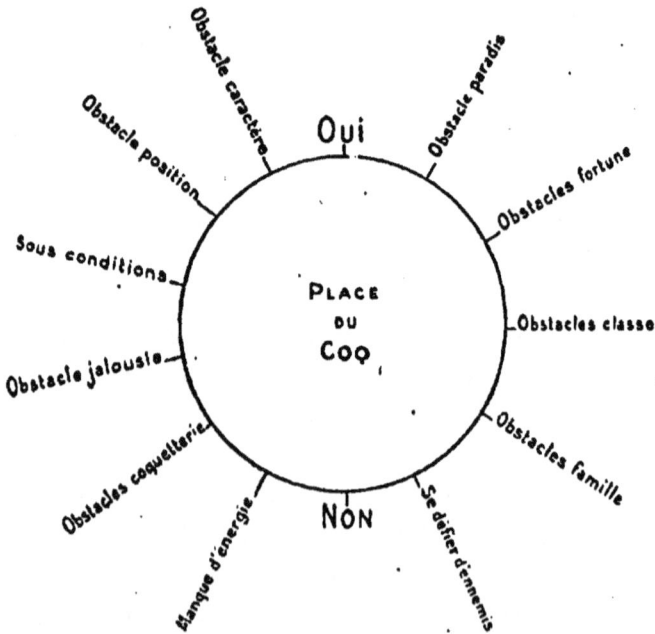

Elle placera ces réponses ainsi que le tableau l'indique en les entourant des objections qu'elle prévoit.

Ceci fait, elle déposera sur chacune de ses réponses un grain de blé ou toute autre graine dont la volaille est friande.

Mais elle aura grand soin de choisir toutes les graines de même espèce, afin que la destinée et non la gourmandise guide le choix du volatile.

Ceci fait, elle prendra le coq et le déposera au milieu du cercle, en ayant bien soin de le laisser s'ébrouer sans le guider en rien dans la position qu'il prend, par rapport aux questions.

Après un instant très bref de stupeur, le coq affamé se précipitera vers les graines pour les becqueter.

Si la première qu'il avale dit : *Non*, il est inutile d'insister, l'oracle a parlé.

S'il dit : *Oui*, il est bon d'attendre le second coup de bec.

Si celui-là porte sur la case indiquant : *Sous conditions*, il sera bon de continuer l'expérience, afin de voir quel est l'obstacle, afin de pouvoir le combattre.

Si l'oracle débute par la case *Sous conditions* on agira de même.

Lorsque le coq après avoir avalé la graine du *Oui* a pris celle de *Sous conditions*, pour la clarté de l'oracle, on enlève celle de *Non* qui n'a plus de raisons d'être.

On peut en user ainsi pour toutes les affaires au sujet desquelles on désire consulter l'oracle.

Lorsqu'on entreprend quelque chose, il faut toujours prévoir ce qui pourrait le faire échouer et l'oracle du coq, en même temps qu'il est un arrêt de la destinée, est encore un très bon exercice de méditation.

Autre façon de consulter l'oracle.

On remplit toutes les conditions citées plus haut, si ce n'est que le cercle doit être plus ample, car il s'agit, non plus d'inscrire quelques demandes, mais toutes les lettres de l'alphabet, ainsi qu'on peut le voir par le tableau ci-après :

Outre les lettres, on inscrit aussi les réponses oui et non.

On dépose ensuite le coq dans le cercle et on procède comme il est dit plus haut.

Cependant le consultant doit faire une question précise, afin que la réponse *oui* ou *non* puisse le tirer d'embarras

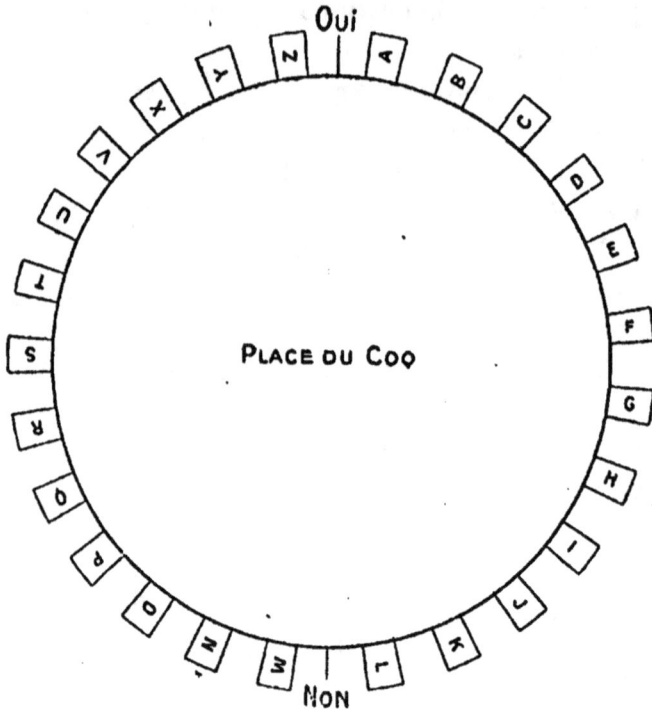

Pourtant il est bon qu'il prenne un carnet pour noter chaque lettre sur laquelle le coq prendra la graine.

Il devra ensuite former des mots en assemblant les lettres.

Mais cette façon présente l'inconvénient de ne donner que rarement des réponses très nettes et nous préférons de beaucoup la précédente, ou voire même celle qui suit et que nous emprunterons encore une fois aux bédouines de la Tunisie.

L'oracle des tamis.

Ce n'est plus un cercle, mais un ovale ouvert que l'on décrit.

A l'extrémité de cet ovale et sur les côtés, on place le tamis contenant tantôt une dizaine de grains de blé et un grain de maïs, tantôt des grains de sarrazin et un grain de blé, tantôt des grains de chènevis et un grain de sarrazin, etc.

Il importe que les tamis soient garnis de graines différentes au milieu desquelles se trouve *une seule* graine d'une autre espèce, ainsi que nous le voyons dans le tableau ci-dessous.

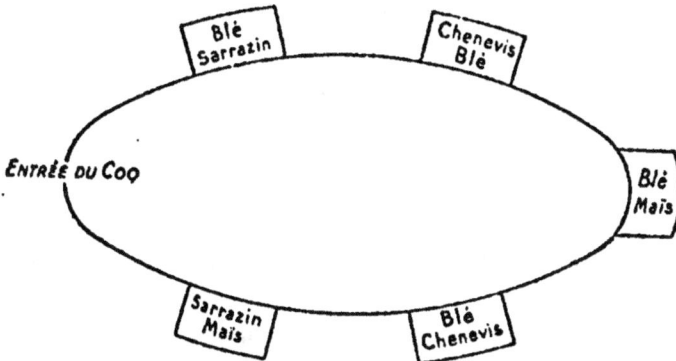

On introduit le coq par l'extrémité ouverte puis on attend.

Bien entendu le coq a été isolé dans les conditions que nous avons déjà décrites et il est à jeun depuis la veille au soir.

Aussi se précipite-t-il sur les graines.

S'il choisit dans chaque tamis la graine différente, l'oracle est favorable et la réussite assurée.

S'il la choisit dans 3 tamis sur 5, on pourra encore conclure au succès.

S'il la dédaigne il faudra s'attendre à beaucoup de déboires.

On recommande de ne mettre dans les tamis qu'une dizaine de graines, afin que l'animal ne s'attarde pas, par paresse, à un seul tamis.

L'expérience n'est valable qu'autant que le coq s'est arrêté avant d'avoir vidé les tamis.

C'est au premier temps d'arrêt que l'on vérifie les tamis et que l'on obtient la réponse de l'oracle.

CHAPITRE V

L'ORACLE DES PLANTES

La marguerite.

Est-il nécessaire de décrire cet oracle que tout le monde a consulté ?

Les très jeunes gens le font sérieusement ; les gens sévères le consultent en souriant, pourtant ces derniers ressentent un certain désappointement lorsque le dernier pétale apporte une réponse fâcheuse.

Cet oracle, aussi vieux que le monde, consiste en ceci :

On cueille une marguerite ; on choisit de préférence une fleur volumineuse, ou tout au moins la plus grande de la touffe.

On la maintient de la main gauche et, de la main droite, on effeuille chaque pétale.

Les amoureux emploient la formule suivante.

« Il (ou elle) m'aime un peu, beaucoup, passionnément, pas du tout. »

Le dernier pétale rend l'oracle.

Les personnes qui, au lieu d'amour, sont préoccupées de la réussite d'un projet, consultent la fleur par oui ou par non.

Ils formulent d'abord la question et prononcent en arrachant chaque pétale les mots *oui, non, oui, non,* alternés.

C'est toujours le dernier pétale qui prophétise.

Le peuplier.

Dans certaines contrées de l'Allemagne du Nord les jeunes gens consultent le peuplier de la façon suivante :

Ils cueillent vers le soir une branche de peuplier, puis l'attachent avec leurs bas à l'aide d'un ruban blanc. Les bas doivent avoir été portés et le ruban neuf.

Ils mettent le tout sous leur traversin et s'endorment en disant :

« Que celui qui préside au destin m'envoie en rêve la vision de l'être auquel j'unirai mon existence. »

Si le songe se produit, il faudra recommencer le lendemain en cherchant à le renouveler.

Il doit revenir trois fois pour être d'un augure favorable.

Le chêne.

On cueille à l'arrière-saison, avant les premières gelées, une branche de chêne bien feuillue.

On la met dans un vase *sans eau* dans un endroit sec, en formulant une demande ou une espérance.

Si le vœu doit s'accomplir les feuilles resteront, bien que fanées, fixées à la branche, aussi solidement qu'au moment où on les a cueillies.

Si, au contraire, les espérances ne peuvent se réaliser, les feuilles tomberont une à une et bientôt la branche s'en trouvera dépouillée.

Le magnolier.

Tout le monde connaît le magnolier qui donne ces magnifiques fleurs en forme de coupe, d'une éclatante blancheur.

Dans les climats tempérés le magnolier produit peu de ces fleurs, parfois une vingtaine dans la saison, le plus souvent moins.

Il s'agit de les compter à mesure qu'elles s'ouvrent et d'en noter le nombre.

Si l'oracle est favorable, ce nombre sera impair. Dans le cas contraire, la réponse serait désillusionnante.

CHAPITRE VI

L'ORACLE DANS LA MORT

Nous ne sommes plus au temps où les augures immolaient des animaux afin de lire dans leurs entrailles les oracles qu'ils retiraient de leurs observations.

Cependant il n'est pas de ménagère qui n'ait l'occasion d'ouvrir le corps des animaux destinés à la table de famille.

L'action de vider un poulet est un acte coutumier, qu'on peut mettre à profit, lorsqu'on est initié dans l'art de l'oracle antique.

Nous ne voulons pas ici entrer dans les détails trop techniques, ni parler tout au long de la science des anciens augures.

Cela dépasserait le cadre de cet ouvrage et serait en outre assez confus, car beaucoup de ces oracles étaient contradictoires et demandaient une contre-épreuve qu'il n'est pas à la portée de tout le monde d'obtenir. Nous parlerons seulement de ces oracles dans leurs grandes lignes et nous ne citerons que ceux dont l'affirmation est certaine.

Si l'on constate que les intestins de la bête que l'on ouvre sont noirs à droite, on devra espérer un accroissement de la famille.

Si, au contraire, la couleur plus foncée apparaît du côté gauche, il sera bien pour vous d'examiner attentivement les affaires que l'on vous présentera, car vous serez menacé de pertes d'argent.

Dans le cas où les intestins seraient tordus vers la droite, attendez-vous à de fâcheux événements.

S'ils sont tordus dans la partie gauche, vous aurez beaucoup à lutter, mais vous finirez par triompher de vos ennemis.

Si vous constatez des fissures, vous pouvez vous attendre à voir la discordre entrer dans votre logis.

Si vous remarquez que des fissures anciennes se sont cicatrisées, il faudrait en conclure que des dissensions très pénibles vont s'apaiser et que l'harmonie va renaître.

Le foie des animaux.

Les anciens, qui désiraient consulter l'oracle par le moyen du foie des animaux opéraient ainsi :

Après avoir ouvert l'animal, ils en retiraient le foie avec précaution, sans l'endommager.

Puis ils formulaient une question.

Ils plaçaient ensuite le foie sur des charbons ardents.

Si le foie se recroquevillait et se desséchait en grillant, sans que le sang en coule, ils regardaient ce fait comme une réponse défavorable.

Si au contraire le sang en découlait, ils en tiraient des augures.

La première goutte apparaissant à droite était, suivant eux, la réponse désirée.

Si elle apparaissait à gauche, ils regardaient cette réponse comme l'annonce d'un retard dans l'accomplissement de leurs désirs.

Ils guettaient alors l'apparition de la deuxième goutte.

Si cette goutte coulait à droite ils en concluaient que la réussite motiverait une longue lutte, mais n'était pas impossible.

Si la deuxième goutte apparaissait dans le milieu le résultat devenait plus problématique, mais tout espoir n'était pas encore perdu.

Mais si elle apparaissait à gauche, près de la première, ils ne persévéraient point dans leur entreprise, car ils la regardaient comme impossible à réaliser.

Nous ne nous étendrons pas davantage sur ce sujet.

Nous avons donné ici les moyens pratiques de chercher l'oracle dans la mort.

Les recherches plus étendues, concernant ces sortes d'oracles, n'étant guère possibles dans notre société moderne, nous estimons qu'il n'est pas nécessaire de surcharger la mémoire de nos lecteurs par l'énoncé d'oracles qu'il leur serait impossible de produire.

QUATRIÈME PARTIE

CHAPITRE PREMIER

DES DIVERS MOYENS DE CONJURER LES MALHEURS PRÉDITS PAR LES ORACLES

Depuis longtemps déjà on a reconnu que, le plus souvent, les oracles annonçant les malheurs ne devenaient définitifs que par la faute de ceux qui les subissaient.

Il est, certes, des catastrophes que personne de nous ne peut éviter et certains malheurs prédits arrivent à leur heure, même lorsqu'on a pensé tout faire pour les éviter.

Cependant les anciens, tout en apportant une ferme croyance en l'oracle qu'ils consultaient, se mettaient, dès que la sentence était rendue, à même de conjurer le malheur prédit.

Nous en avons tous fait l'expérience et ceux qui ne l'ont pas faite encore pourront s'y livrer, s'ils lisent avec attention les chapitres qui ont précédé.

L'oracle en prévoyant un malheur, peut dire, la plupart du temps, s'il est interrogé habilement, quelles seront les causes de ce malheur.

Les unes sont en nous ; elles sont dues à notre négligence, à notre paresse ou à nos défauts de caractère.

D'autres appartiennent à des causes plus obscures qui dépendent des mystères planant autour de nous.

Il faut donc apprendre à combattre les effets des prédictions mauvaises et à conjurer le sort contraire, autant que cela peut être en notre pouvoir.

A l'appui de ce principe, nous citerons un exemple tout récent :

« Une dame T... après avoir consulté une devineresse très versée dans la science des oracles, en avait obtenu cette réponse :

« La mort par l'eau est inscrite dans votre destinée, mais vous pourriez la conjurer en renonçant à cultiver l'avarice, comme vous le faites trop volontiers. »

A partir de ce moment la dame T.., s'abstint des promenades en bateau, et, pour rien au monde ne se fut décidée à franchir la mer.

Il vint un jour où elle eut un héritage à toucher en Angleterre.

Au lieu de s'y rendre elle-même, elle chargea un homme d'affaires de ses intérêts et crut ainsi avoir suffisamment fait pour conjurer le sort en se livrant à cette dépense.

Mais l'avarice qui la travaillait n'abandonnait pas ses droits et elle chercha à compenser le déficit que cela causait dans son budget, en se livrant à des économies intérieures, dont le premier effet fut le renvoi de la femme qui la servait.

Hors elle était sujette à des maux de tête et à des étourdissements, qu'elle combattait à l'aide de bains de pieds.

Un matin qu'elle préparait elle-même l'eau qui devait lui servir à cet usage elle fut prise d'un vertige soudain et tomba la tête la première dans le récipient qu'elle venait de remplir.

Cela fit un assez grand bruit et les voisins s'en émurent.

L'un d'eux alla frapper à sa porte.

Bien entendu il ne reçut aucune réponse.

On s'inquiéta et l'on alla prévenir la concierge.

Pourparlers, explications, hésitations, tout cela prit un peu de temps ; si bien que lorsqu'on pénétra dans son appartement, on la trouva asphyxiée, ayant ainsi accompli la prédiction de l'oracle, dont elle n'avait pas conjuré l'arrêt.

Car il est bien certain que si, faisant taire son avarice, elle avait continué à accepter les soins d'une servante, elle n'aurait pas préparé son bain de pieds elle-même, et, en tout cas, la domestique accourue au bruit de la chute aurait pu lui procurer des secours immédiats.

Il en est de même de la plupart des oracles néfastes.

Ils peuvent être conjurés si on sait mettre à profit les conseils que l'art de la divination prodigue à ceux qui savent l'écouter.

Ces conseils ne sont pas toujours aussi précis que dans le cas dont nous venons de parler et il se trouve souvent que les pratiques qu'ils recommandent ne semblent avoir aucun rapport avec l'objet de l'oracle.

Mais on n'en doit pas douter, ils tirent leur obscure puissance d'observations très anciennes, dont les raisons ne sont point parvenues jusqu'à nous, mais dont la tradition a surnagé parmi l'oubli des siècles.

Nous allons donc indiquer brièvement quelques-uns des moyens mis en pratique journellement pour annuler les effets des oracles fâcheux.

Si nos lecteurs devaient s'étonner de l'étrangeté de certains moyens, ils devraient s'en rapporter à ce que nous venons de dire plus haut, concernant les usages dont les raisons ont disparu, mais dont l'action mystérieuse subsiste encore.

CHAPITRE II

LES PRATIQUES LES PLUS SUIVIES POUR CONJURER
LES ORACLES NÉFASTES

Contre les mauvaises rencontres.

Si un oracle a prédit un malheur venant d'une rencontre, on recommande de jeter sur le feu quelques grains de sel avant de sortir de la maison.

Ceci s'explique facilement.

L'acte de jeter du sel attire l'attention sur le danger des mauvaises rencontres et c'est quelquefois suffisant, sinon pour les éviter, du moins pour en neutraliser les mauvais effets.

Un homme averti en vaut deux, dit un proverbe. Il est certain que celui qui, par un acte, s'est mis en défense contre les mauvaises rencontres, sera infiniment plus circonspect vis-à-vis de ceux qui pourraient l'aborder, que celui qui ne pressent rien, et, n'étant pas sur ses gardes, se laissera volontiers aller jusqu'au point où des intrigants s'efforceront tant de l'amener.

On recommande encore, pour éviter un malheur prédit, de ne jamais sortir avant le chant du coq.

Il est bien clair que ceux qui devancent l'aurore n'ont pas eu la somme de repos nécessaire pour obtenir le calme et l'absence de nervosité qui doivent apporter avec eux la sûreté du jugement.

Il s'en suit donc qu'ils sont mal disposés pour lutter contre le malheur qui pourrait les atteindre.

Tandis que ceux qui ne sortent qu'après le chant du coq sont plus frais et plus dispos, c'est-à-dire qu'ils offriront aux coups du sort une résistance plus considérable.

Les ressemblances.

Une croyance très répandue est celle qui détermine à employer, pour conjurer les oracles fâcheux, les vertus d'une plante dont la forme rappelle celle de la partie menacée.

Ainsi, contre la menace de folie, on recommande de lutter en faisant à la personne menacée un collier de noix et en l'obligeant à le porter.

La raison en est que les noix ayant la forme de la tête possèdent une vertu magique pour guérir cette partie du corps avec laquelle elles ont de l'affinité.

Blessure par le fer.

Si l'oracle a prédit une grave blessure par le fer, on a soin de mettre dans les poches de celui qui est en cause, des poignées de cette plante qui croît parmi les blés et les seigles et qu'on appelle : l'Aiguille du berger.

Du reste, nombre de nos médecins modernes suivent cette tradition et le sirop de lichen, dont l'aspect rappelle vaguement celui des poumons, est considéré comme un spécifique contre les maladies de poitrine.

Faut-il voir là une réminiscence des anciennes conjurations qui recommandaient aux personnes auxquelles l'oracle avait prédit une prompte fin par la maladie de poitrine, de se soigner à l'aide de cette plante, parce qu'elle a une ressemblance lointaine avec les poumons ?

Quoi qu'il en soit, c'est là certainement qu'il faut chercher le secret de telles pratiques dont nous ne trouverions pas autrement l'explication.

Il en est, cependant, certaines qui nous frappent par leur étrangeté :

La mandragore.

A cause d'une certaine ressemblance de sa racine avec une

figure humaine, la mandragore passe pour posséder de rares vertus magiques.

A ceux qui étaient menacés de désastres successifs, il était autrefois d'usage d'offrir une racine de mandragore. Mais voici où gît l'originalité du présent :

La croyance populaire attache à cette plante une légende redoutable.

Celui qui la cueille meurt dans l'année, si l'on en croit maints récits.

Aussi a-t-on tourné habilement la difficulté.

On creuse la terre autour de la plante, on lie une corde à la tige et on la fait tirer par l'animal que l'on a résolu de tuer : chèvre, chevreau, jeune veau, porc, etc., etc... On n'a risqué aucune vie ainsi, puisque la mort de l'animal est arrêtée d'avance.

Accidents de voyage.

Si l'oracle a prédit un accident au cours d'un voyage, on coudra dans les habits du voyageur un sachet contenant des poils de loup et des feuilles de verveine.

Contre la perte d'instruments tranchants.

Pour être assuré de ne jamais perdre un couteau neuf, on recommande d'offrir au premier pauvre qu'on rencontre le premier morceau de pain coupé.

Le sel.

Nous avons, dans la première partie de cet ouvrage, parlé de l'origine de la superstition du sel renversé. Nous n'y reviendrons pas, mais nous signalerons la recommandation de jeter du sel par la fenêtre pour conjurer l'oracle qui prédit un échec.

Ce sel ne doit cependant atteindre qu'un homme ou une femme.

On évitera de le jeter sur un enfant ou sur un adolescent et sur une personne portant un uniforme quelconque.

Les ruches.

On prédit un malheur dans la maison que désertent les abeilles.

C'est pourquoi on pense les apaiser et les conserver en leur témoignant de grands égards.

Ainsi il est d'usage de parer les ruches d'un crêpe, lorsque le maître vient à mourir.

Il faut voir dans cette coutume la pensée de prouver aux abeilles que malgré la disparition du maître elles ne seront pas négligées et la préoccupation de bien constater l'importance qu'on leur donne, puisqu'on les associe au deuil de la famille.

Contre la foudre.

On protège les maisons menacées de périr anéanties par le feu du ciel en y plaçant un tison éteint provenant des feux que l'on a coutume d'allumer à la Saint-Jean.

Dans certains autres pays, on pense conjurer ce malheur en plaçant sous la cendre du foyer des débris de la bûche qui brûla dans la cheminée le soir de Noël.

Cette bûche est généralement très volumineuse, car les habitants des villages ont soin de la choisir ainsi, afin qu'elle dure pendant tout le temps qu'ils mettront à se rendre à l'église à y écouter la messe de minuit et à revenir à leur logis.

Contre la stérilité des arbres.

C'est encore à la gracieuse légende du jour de Noël que l'on emprunte cette coutume :

On met dans le foyer, pendant la nuit de Noël, des pierres qu'on laisse devenir brûlantes et à demi calcinées.

Puis on les range soigneusement et si un arbre a manqué de porter des fruits l'année précédente, on y attache cette petite pierre, au moment où les premiers bourgeons se montrent.

Contre la calomnie.

Si l'on vous a prédit que la calomnie viendrait troubler votre

existence, il sera bon de cueillir, au mois de septembre, la fleur
du séné. On l'enveloppera dans une feuille de marjolaine et l'on
y joindra un débris de langue de vipère. On coudra le tout dans
un sachet et on le portera autour du cou.

(On remarquera encore ici l'analogie ; une langue de vipère
préserve des atteintes d'une autre langue de vipère.)

Contre le vol.

Si l'oracle consulté a prédit un vol, il est d'usage, dans maints
pays, de prendre un œuf frais et de le vider en y pratiquant
deux trous.

Ceci fait on écrasera la coquille soigneusement.

Cette coutume est basée sur une antique croyance ; les œufs,
pensait-on jadis, étaient le refuge habituel des méchants lutins,
qui se plaisaient à exercer leur malignité dans toutes les choses
concernant l'intérieur de la maison.

Leur joie était de provoquer des catastrophes domestiques.

Or, aucun accident ne peut, dans cet ordre d'idées, être plus
fâcheux que le vol.

En écrasant les lutins on pensait donc ainsi supprimer une
cause de désastre.

Les traces de cette croyance se retrouvent encore dans l'édu-
cation moderne.

On apprend aux enfants qu'il est de bonne compagnie d'écra-
ser la coquille de l'œuf qu'on vient de manger.

Or, parmi les éducateurs qui font cette recommandation, il en
est bien peu qui se doutent qu'en agissant ainsi ils rendent hommage à une croyance ancienne et que l'écrasement de l'œuf qu'ils
regardent comme une simple question de savoir-vivre, est une
conjuration qui fut très en honneur chez nos lointains aïeux.

Dans certaines contrées, on use d'un moyen plus impression-
nant :

On prend soin, lors du décès d'un parent proche, d'attacher
le linceul avec plusieurs épingles.

Puis au moment de le mettre en bière, on détache une de ces

épingles, on la passe au-dessus de la flamme provenant du flambeau mortuaire en disant :

« Que par la vertu de l'affection qui me liait avec le trépassé, cette épingle me préserve du vol qui m'a été prédit par l'oracle. »

Puis on serre l'épingle dans une boîte que l'on a soin de poser dans un endroit où elle ne peut être déplacée et l'on ouvre seulement la boîte une fois par an, pour constater la présence de l'épingle.

Cette constatation devra se faire à la date exacte du jour et de l'heure où l'on a fait le dépôt.

En même temps il est recommandé de renouveler la formule de conjuration que nous avons citée plus haut.

Pour chasser les fantômes, précurseurs du malheur.

C'est surtout dans la campagne que les habitants ont à souffrir de la peur des fantômes.

Leur apparition est toujours l'annonce d'une catastrophe et la plupart de ceux qui en ont vu disparaissent avant la fin de l'année, dit-on.

En Bretagne, surtout, cette croyance est tellement invétérée qu'il serait inutile de la combattre.

Aussi les habitants emploient-ils tous les moyens qui sont en leur pouvoir pour conjurer ces manifestations qui, suivant eux, sont toujours un oracle fâcheux.

Dans les pays où les marécages abondent, voici quelle est la façon de conjurer les fantômes :

Nous ne parlons pas, bien entendu, des prières.

Nous ne nous occupons ici que de choses concernant les mystères de la métaphysique; nous dirons simplement comment une coutume, qui paraît n'avoir qu'un rapport lointain avec la chose dont elle dépend, peut être logique lorsqu'elle est expliquée.

Au jour levant et dès que le premier rayon de soleil apparaît, on coupe une poignée de roseaux, parmi les plus hauts, on les jette sur un brasier en disant ces mots :

« O âme errante qui ne cesse de me tourmenter, ceci est un

sacrifice de paix et non une vengeance. Rentre dans le repos éternel. »

Puis on se retire et, dès le lendemain, on vient recueillir les cendres et les débris de roseaux qui n'ont pas été atteints par le feu.

On ira jeter le tout dans un étang, ou, à son défaut, dans une mare, en disant :

« Rentre dans la paix, âme en peine. J'ai voulu seulement ton repos et non ma vengeance. »

Dans les pays boisés, on agit de même, mais au lieu de roseaux on coupe des fougères.

Pour tout le reste, les paroles de conjuration et le procédé sont identiques.

L'interprétation de cette coutume est très claire :

1° Les fantômes se montrent rarement dans les endroits très découverts.

Donc le fait de dénuder les places dans lesquelles ils se réfugient est de nature à les éloigner.

2° Ensuite, chacun sait combien la nuit prête aux moindres choses des formes fantastiques.

Or les très longs roseaux, en se balançant, peuvent de loin adopter des silhouettes impressionnantes dans la nuit.

Puis le froissement des hautes tiges rigides produit toujours un bruit qui, de loin, peut passer pour une plainte ou des gémissements.

La même observation est applicable aux fougères.

Voilà pourquoi il fut autrefois d'usage de les supprimer lorsque leur ombre et leur bruissement donnaient lieu à des visions.

Le trèfle à quatre feuilles.

La découverte d'un trèfle à quatre feuilles est la conjuration la plus connue et la plus gracieusement symbolique.

Il y a peu de gens, si sceptiques qu'ils puissent être, qui ne soient heureux de rencontrer une feuille de trèfle qui au lieu de montrer les 3 palmes ordinaires, s'augmente d'une quatrième, qui lui donne un aspect plus rare.

On notera que mieux ces palmes seront formées, plus leur régularité sera grande et plus puissante sera leur action bienfaisante.

Cette croyance vient du secret désir qui existe en nous de pallier par des oracles prometteurs de bonheur les menaces du du Destin.

Tout événement heureux dont la production ne dépend pas de nous est donc regardé comme une marque de joie et un droit à l'espoir.

Or la découverte d'un trèfle à quatre feuilles est une chose complètement fortuite; nous pouvons visiter des champs de trèfle entiers sans en rencontrer et le fait d'en découvrir peut être regardé comme une chance, donc un indice de bonheur.

Cette croyance est si répandue que l'on cherche à l'exploiter et divers horticulteurs ont produit artificiellement du trèfle à quatre feuilles.

Mais celui-là est sans vertu.

Pour qu'il conserve ses propriétés bienfaisantes, le trèfle à quatre feuilles doit être découvert par la personne même qui profitera de ses vertus.

Cela est si vrai qu'il perd tout son pouvoir s'il est donné ou acheté.

Dans les environs des grandes villes, il y a des gamins qui se livrent à ce petit trafic.

Ils revendent aux citadins les feuilles porte-bonheur.

Mais, quelle que soit la modicité du prix dont on solde cet achat, on peut considérer cette dépense comme inutile.

Le trèfle à quatre feuilles n'apporte la joie qu'à celui qui, par sa patience et sa perspicacité, a mérité de le posséder.

Contre les oracles rendus au moyen de la lune.

Si le malheur que l'on redoute a été annoncé par la lune (comme il est expliqué dans la troisième partie, chapitre ii de cet ouvrage), c'est au moyen de la lune qu'il faut le conjurer :

Il faut d'abord éviter de la voir à travers une glace.

Si cela arrivait fortuitement, on atténuerait le mauvais présage en disposant un seau plein d'eau de façon à ce que la lune s'y reflète comme si on la voyait entourée d'un cadre.

On tournera trois fois autour de ce seau en disant :

« O lune, détruis le mal que tu voudrais causer. »

Puis on verse l'eau du seau lentement en ayant soin de détourner la tête pour ne point y voir l'image imparfaite de la lune.

Ceux qui sont sous l'influence d'une prédiction fâcheuse par la lune se garderont de l'avoir à gauche en sortant de leur maison.

Si le cas se présentait fortuitement, ils devraient faire demi tour et à reculons, afin de présenter le côté droit à la lune, puis marcher de façon à l'avoir devant, derrière ou à droite pendant les vingt premiers pas, mais jamais à gauche.

Contre la maladie.

Si un oracle vous a prédit une maladie et que, avant son accomplissement et lorsque vous êtes encore très bien portant, quelqu'un vous félicite de votre bonne santé, frappez doucement trois coups sur un objet en bois en disant mentalement :

« O Destin, je ne te brave pas mais je t'implore. »

Si cela se passait au cours d'une conversation qui vous empêcherait de dire cette phrase, vous pouvez toujours, d'une façon inaperçue, frapper les trois coups en disant :

« Non évoqué. »

C'est l'abréviation de la première formule, la prière au destin qu'on se garde bien d'évoquer, sinon pour le prier d'être favorable, et non pour admettre qu'il tarde bien à vous envoyer le malheur prédit sous forme de maladie.

Contre les puissances mauvaises qui nous entourent.

Les Orientaux sont plus que les autres peuples, peut-être, préoccupés des influences mauvaises qui nous enveloppent.

Ils ont, pour les apaiser, de nombreux moyens, parmi lesquels nous ne citerons que ceux dont l'usage est courant.

Tous ceux qui ont été en Afrique et particulièrement en Tunisie, ont été frappés de voir sur les murs des maisons arabes la trace sanglante d'une main apposée.

C'est bien, en effet, les traces d'une main teinte de sang que l'on voit ainsi.

Voici la façon dont ils procèdent :

Lorsqu'une famille arabe vient habiter une nouvelle maison, on commence par la purifier en y apportant un coq ou un très jeune chevreau que l'on promène dans toutes les parties de la maison, en adjurant les esprits mauvais de déserter la place pour entrer dans le corps de l'animal.

Dans cette visite, il faut avoir grand soin de n'oublier aucun recoin car les méchants esprits, chassés de partout, ne manqueraient pas de s'y blottir afin de s'éparpiller dans la maison, dès que celle-ci serait habitée.

Toutes les parties du logis ayant été soigneusement visitées, on amènera l'animal dans la cour centrale ou dans tout endroit se trouvant au centre de la maison.

On lui mettra alors un sac sur la tête, puis on l'égorgera sur une pierre plate.

Aussitôt on nouera le sac et on l'enterrera.

On croit qu'à la mort de l'animal les méchants esprits dont il était plein se sont réfugiés dans la tête et, partant de là, sont enfermés dans le sac.

L'animal ainsi purifié sera jeté par-dessus le mur, afin que le premier pauvre passant puisse en faire sa pâture.

Ensuite, dans le sang encore chaud on trempe la main droite, de façon à ce qu'elle soit complètement imbibée et on l'applique sur la façade extérieure et sur les murs de la cour intérieure en priant les esprits bienfaisants d'écarter le mal d'une maison où l'on est résolu à vivre suivant la justice et la droiture.

Pour préserver les récoltes futures.

Dans maintes contrées il est d'usage de prendre la première mesure de froment et de la jeter à la volée, offrant ainsi aux puissances occultes un sacrifice qui doit les apaiser.

On fait de même pour la vendange.

La première mesure de vin est dispersée aux quatre vents, afin de se concilier l'appui des influences bienfaisantes qui nous entourent par un présent et un hommage.

Pour conjurer le mauvais sort dans les nouveaux ménages.

Le Henné joue un grand rôle en Orient.

C'est, dit-on, la première plante éclose au paradis.

C'est celle dont Ève s'enveloppa pour cacher sa nudité.

Aussi est-elle considérée comme un symbole de joie et surtout comme un élément d'une valeur incontestable, quand il s'agit de parer aux maléfices.

C'est pourquoi, les jours de leurs fiançailles, les jeunes arabes préparent des sacs aussi luxueux que leur état de fortune le leur permet et après les avoir préalablement garnis de henné en pâte, y introduisent chacune de leurs mains.

Tout le temps que dure le défilé des parents et des amis, elles garderont leurs mains enfermées dans ce sac.

Lorsqu'elles les retireront elles seront teintes pour de longs jours.

Du reste, cette couleur sera entretenue par de fréquentes applications que l'on fera en même temps sur la plante des pieds.

Mais il faut compter avec les esprits malfaisants, désireux de détruire un bonheur qui naît.

La fumée du benjoin est souveraine en ce cas.

On jette sur un brasier quelques grains de benjoin, qui dégagent en brûlant une fumée bleue et odoriférante.

Ce sont les matrones qui sont préposées à cet office.

Elles accompagnent ce geste de prières destinées à mettre en fuite les esprits malins, afin de réserver toute la place aux puissances bienfaisantes qu'il faut savoir attirer dans la nouvelle maison par des soins évidents et des supplications instantes.

CONCLUSION

S'il nous fallait pour conclure tirer une morale des conseils contenus dans ce livre, nous ne saurions que répéter ce que nous avons dit déjà à la fin d'un précédent voume.

On ne doit pas se laisser vivre sans chercher à améliorer les conditions de la vie.

Or quel est le meilleur moyen d'éviter le malheur?

C'est de le prévoir et de le combattre ensuite.

Si les oracle nous indiquent ce que nous avons à craindre, les conjurations, très simples pour la plupart, que nous venons de faire connaître nous mettront à même de l'éviter.

Prévoir et empêcher, c'est le secret des gens heureux ; ce ce sera celui de tous ceux qui liront attentivement ce livre et sauront mettre en pratique les conseils basés, ainsi que nous l'avons dit dès le début, sur expérience lointaine, dont les motifs, si obscurs qu'ils nous paraissent parfois, ne manquent jamais de raisons d'être.

LA DEGUÉSAII.

TABLE DES MATIÈRES

PREMIÈRE PARTIE

DEUXIÈME PARTIE

TROISIÈME PARTIE

Les Oracles.

QUATRIÈME PARTIE

COLLECTION TRÈS PRATIQUE

Série A

Cette collection, d'une édition très soignée, est composée de volumes présentés d'une façon moderne. Chaque volume, guide précieux et pratique, dit en leçons concises et très claires tout ce que le lecteur peut avoir à lui demander.

D' d'Espic . . . . LE BON DOCTEUR.

J.-B. Withson . . COMMENT ON FAIT FORTUNE.

E. Richard . . . COMMENT AVOIR LA PAROLE FACILE.

Louis Leclerc . . LE SECRÉTAIRE DES FAMILLES.

M·· de Vandille. LES SECRETS DE BEAUTÉ.

Tady. . . . . . . LE SAVOIR-VIVRE POUR TOUS.

Blondel . . . . . COMMENT ÉLEVER ET SOIGNER LES CHIENS ET LES CHATS.

M·· de Graffigny. LA BONNE MAITRESSE DE MAISON.

etc., etc.

Chaque volume sous une superbe couverture en couleurs.

Prix. . . . . **0 fr. 40**

EN VENTE :

Chez tous les libraires, dans les gares et aux

ÉDITIONS NILSSON, 73, Bd St-Michel, PARIS.

3685. — Tours, Imprimerie E. ARRAULT ET Cⁱᵉ.

www.ingramcontent.com/pod-product-compliance
Lightning Source LLC
LaVergne TN
LVHW022014080426
835513LV00009B/722